Impressum
Verlag: BABADADA GmbH, Nedderfeld 112 , 22529 Hamburg
Geschäftsführer / Verlagsleitung: Harald Hof
Druck: Books on Demand GmbH, In de Tarpen 42, 22848 Norderstedt

Imprint
Publisher: BABADADA GmbH, Nedderfeld 112 , 22529 Hamburg, Germany
Managing Director / Publishing direction: Harald Hof
Print: Books on Demand GmbH, In de Tarpen 42, 22848 Norderstedt, Germany

1

skola

škola

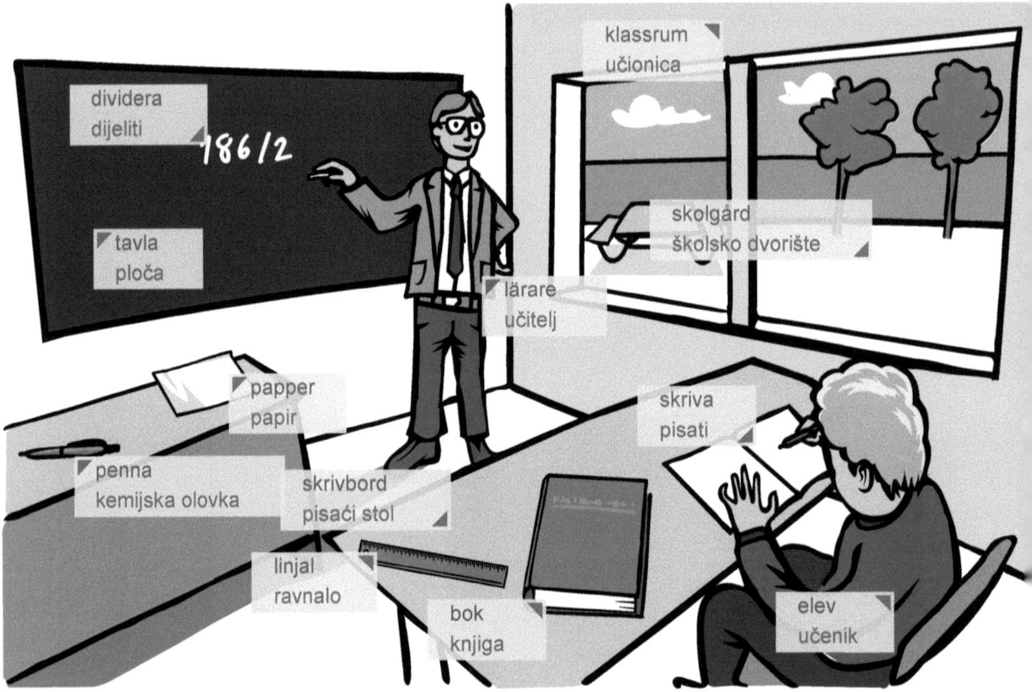

klassrum
učionica
dividera
dijeliti
186/2
tavla
ploča
skolgård
školsko dvorište
lärare
učitelj
papper
papir
skriva
pisati
penna
kemijska olovka
skrivbord
pisaći stol
linjal
ravnalo
bok
knjiga
elev
učenik

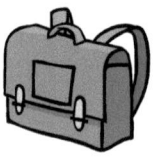

skolväska

torba

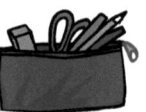

pennfodral

pernica

blyertspenna

grafitna olovka

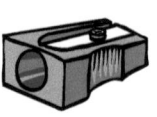

pennvässare

šiljilo za olovke

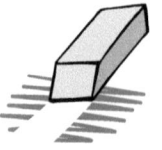

suddgummi

gumica za brisanje

ritblock

blok za crtanje

teckning

crtež

pensel

kist

målarlåda

kutija s bojama

sax

makaze

lim

ljepilo

övningsbok

bilježnica

hemläxa

domaći zadatak

tal

broj

2+2

addera

sabirati

subtrahera

oduzimati

multiplicera

množiti

räkna

računati

A

bokstav

slovo

ABCDEFG
HIJKLMN
OPQRSTU
VWXYZ

alfabet

abeceda

hello

ord

riječ

text
....
tekst

läsa
....
čitati

krita
....
kreda

lektion
....
sat

register
....
dnevnik

prov
....
ispit

intyg
....
svjedodžba

skoluniform
....
školska uniforma

utbildning
....
obrazovanje

uppslagsverk
....
leksikon

universitet
....
sveučilište

mikroskop
....
mikroskop

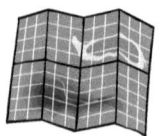

karta
....
karta

papperskorg
....
košara za papir

resa
putovanje

hotell
hotel
Grand
vandrarhem
prenoćište
ROOMS
växelkontor
mjenjačnica
EXCHANGE
resväska
kofer
bil
auto

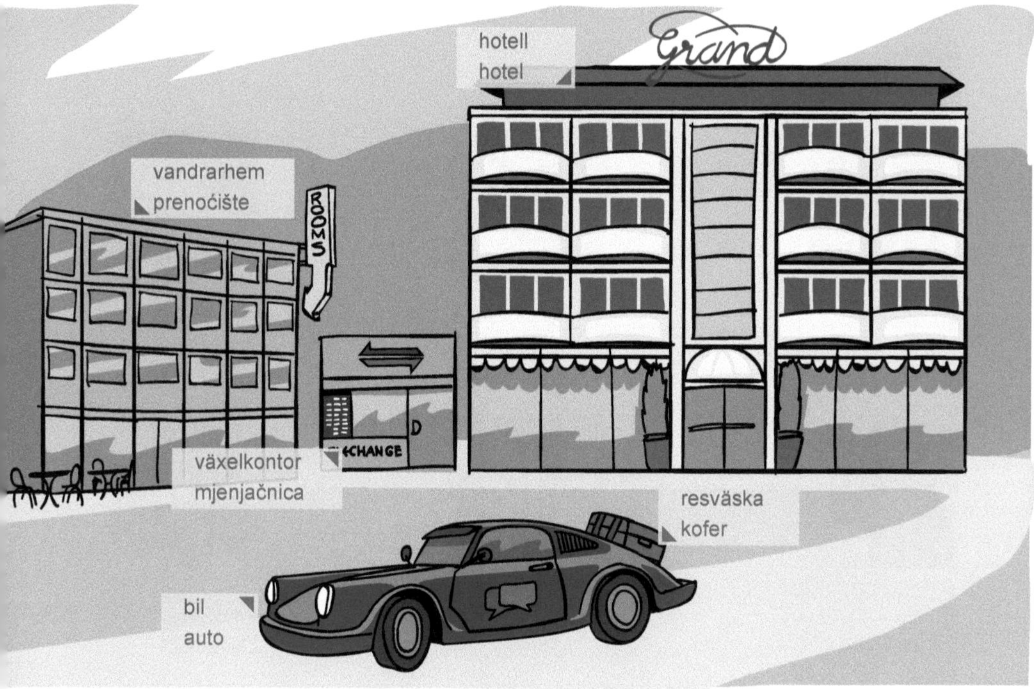

språk
jezik

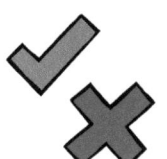

ja / nej
da / ne

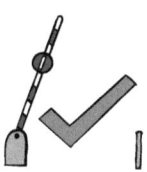

Okay
okay

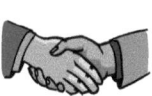

hej
zdravo

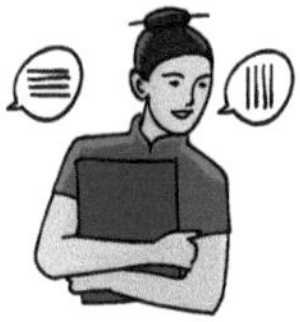

översättare
prevoditelj

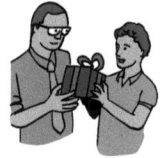

Tack
hvala

hur mycket kostar...?

Koliko košta...?

jag förstår inte

ne razumijem

problem

problem

God kväll!

dobro veče!

God morgon!

Dobro jutro!

God natt!

Laku noć!

hejdå

doviđenja

riktning

smjer

bagage

prtljaga

väska

torba

ryggsäck

ruksak

gäst

gost

rum

soba

sovsäck

vreća za spavanje

tält

šator

turistinformation

turističke informacije

strand

plaža

kreditkort

kreditna kartica

frukost

doručak

lunch

ručak

middag

večera

biljett

karta za vožnju

hiss

dizalo

frimärke

poštanska markica

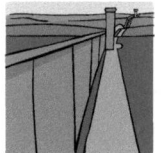

gräns

granica

tull

carina

ambassad

ambasada

visum

viza

pass

putovnica

transport

transport

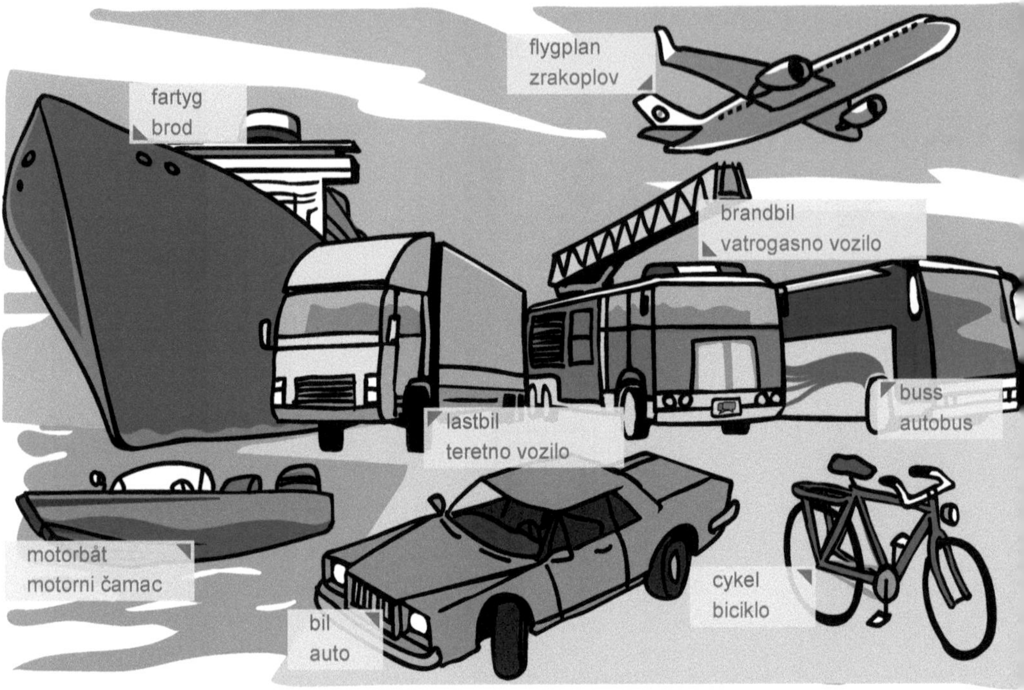
flygplan
zrakoplov
fartyg
brod
brandbil
vatrogasno vozilo
lastbil
teretno vozilo
buss
autobus
motorbåt
motorni čamac
bil
auto
cykel
biciklo

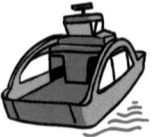

färja

trajekt

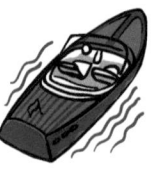

båt

čamac

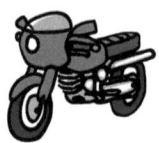

motorcykel

motocikl

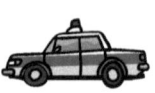

polisbil

policijski auto

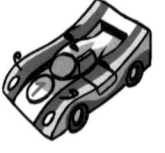

racerbil

trkaći auto

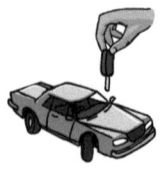

hyrbil

iznajmljeno auto

bilpool

dijeljenje automobila

bärgningsbil

vučno vozilo

sopbil

vozilo za odvoz smeća

motor

motor

bränsle

benzin

bensinstation

benzinska postaja

vägmärke

prometni znak

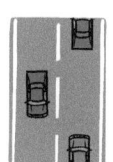

trafik

promet

bilkö

zastoj

parkeringsplats

parkiralište

tågstation

kolodvor

räls

šine

tåg

vlak

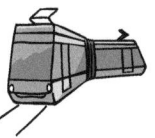

spårvagn

tramvaj

vagn

vagon

transport - transport 9

helikopter
helikopter

flygplats
zrakoplovna luka

torn
toranj

passagerare
putnik

container
kontejner

kartong
karton

vagn
kolica

korg
košara

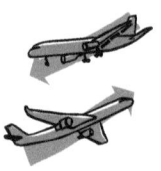

starta / landa
uzletjeti / sletjeti

stad
grad

by
selo

centrum
centar grada

hus
kuća

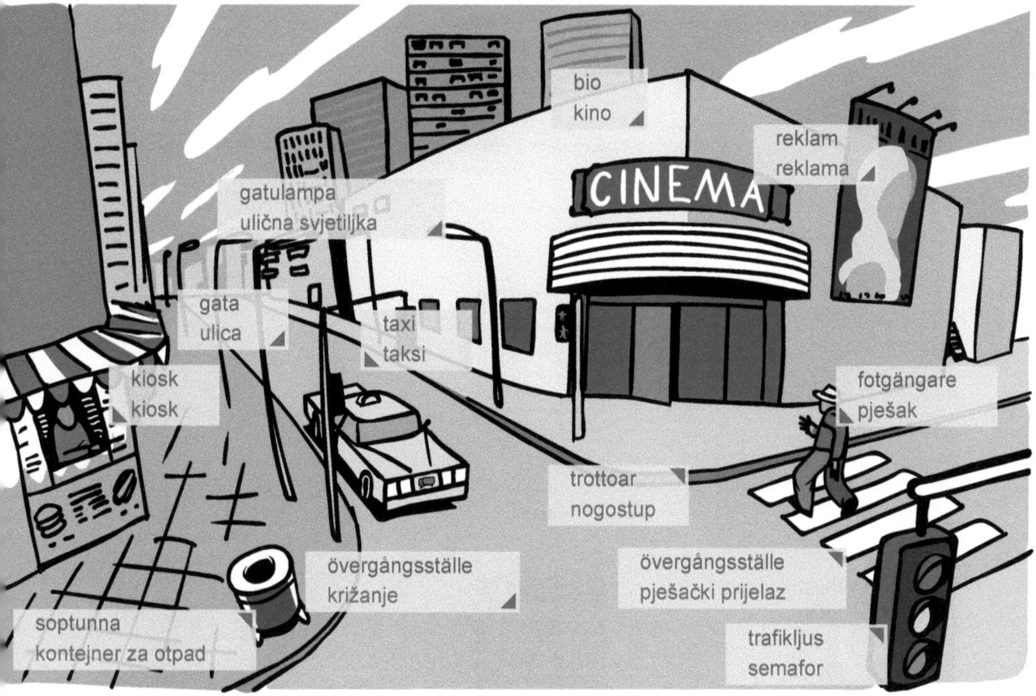

bio
kino
reklam
reklama
CINEMA
gatulampa
ulična svjetiljka
gata
ulica
taxi
taksi
kiosk
kiosk
fotgängare
pješak
trottoar
nogostup
övergångsställe
križanje
övergångsställe
pješački prijelaz
soptunna
kontejner za otpad
trafikljus
semafor

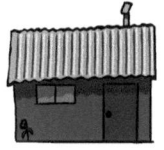

stuga

koliba

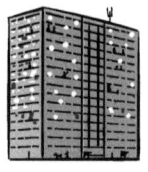

lägenhet

stan

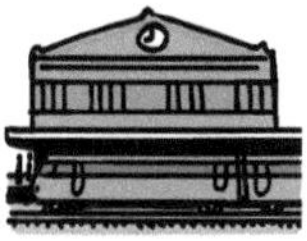

tågstation

kolodvor

stadshus

vijećnica

MUSEUM

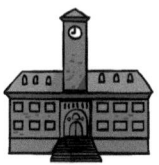

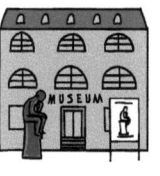

museum

muzej

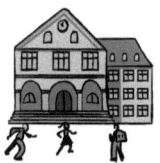

skola

škola

universitet

sveučilište

bank

banka

sjukhus

bolnica

hotell

hotel

apotek

ljekarna

kontor

ured

bokhandel

knjižara

affär

prodavaonica

blomsterbutik

cvjećara

stormarknad

supermarket

marknad

trg

varuhus

robna kuća

fiskhandlare

ribarnica

köpcentrum

trgovački centar

hamn

luka

park
park

bänk
klupa

brygga
most

trappa
stepenice

tunnelbana
podzemna željeznica

tunnel
tunel

busshållplats
autobusna stanica

bar
bar

restaurang
restoran

brevlåda
poštansko sanduče

gatuskylt
ulični znak

parkeringsautomat
parkirni sat

zoo
zoološki vrt

simbassäng
bazen

moské
džamija

bondgård

seosko gazdinstvo

förorening

zagađenje okoliša

kyrkogård

groblje

kyrka

crkva

lekplats

igralište

tempel

hram

landskap
krajolik

löv
list

vägskylt
putokaz

väg
put

äng
livada

sten
kamen

träd
drvo

liftare
šetač

flod
rijeka

gräs
trava

blomma
cvijet

dal
dolina

kulle
planina

sjö
jezero

skog
šuma

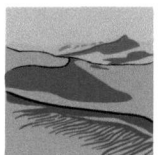

öken
pustinja

vulkan
vulkan

slott
dvorac

regnbåge
duga

svamp
gljiva

palm
palma

mygga
moskito

fluga
muha

myra
mrav

bi
pčela

spindel
pauk

skalbagge

buba

groda

žaba

ekorre

vjeverica

igelkott

jež

hare

zec

uggla

sova

fågel

ptica

svan

labud

vildsvin

divlja svinja

rådjur

jelen

älg

los

damm

nasip

vindkraftverk

vjetrenjača

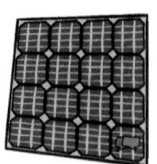

solcellspanel

solarna ploča

klimat

klima

restaurang
restoran

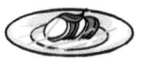

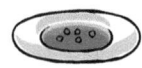

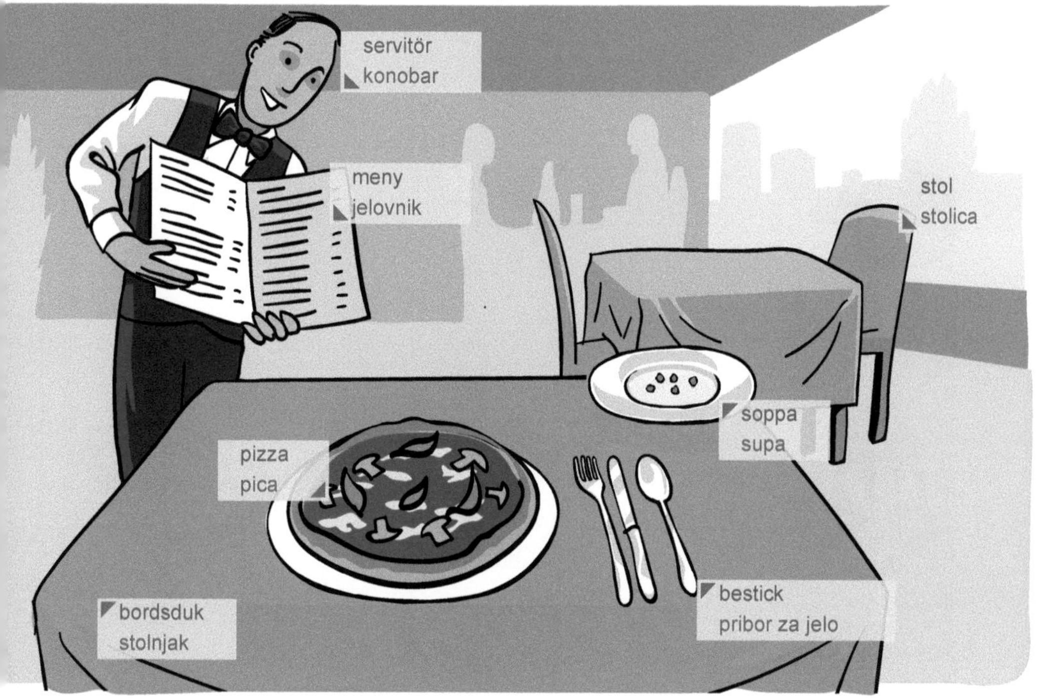
servitör
konobar
meny
jelovnik
stol
stolica
soppa
supa
pizza
pica
bestick
pribor za jelo
bordsduk
stolnjak

förrätt

predjelo

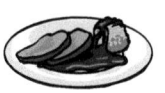

huvudrätt

glavno jelo

dessert

desert

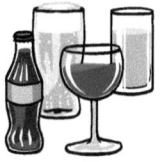

drycker

napitci

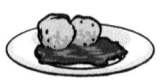

mat

jelo

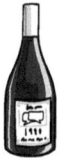

flaska

boca

snabbmat

fastfood

street food

imbis hrana

tekanna

čajnik

sockerskål

doza za šećer

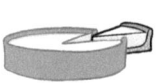

portion

porcija

espressomaskin

aparat za espresso

barnstol

visoka stolica

räkning

račun

bricka

pladanj

kniv

nož

gaffel

vilica

sked

žlica

tesked

čajna žlica

servett

ubrus

glas

čaša

tallrik

tanjur

sopptallrik

tanjur za supu

tefat

tanjurić

sås

sos

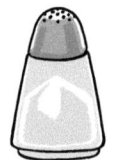

saltkar

soljenka

pepparkvarn

mlin za biber

vinäger

ocat

olja

ulje

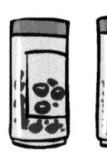

kryddor

začini

ketchup

kečap

senap

senf

majonnäs

majoneza

stormarknad

supermarket

specialerbjudande
ponuda

kund
kupac

mejeriprodukter
mliječni proizvodi

varukorg
kolica za kupnju

frukt
voće

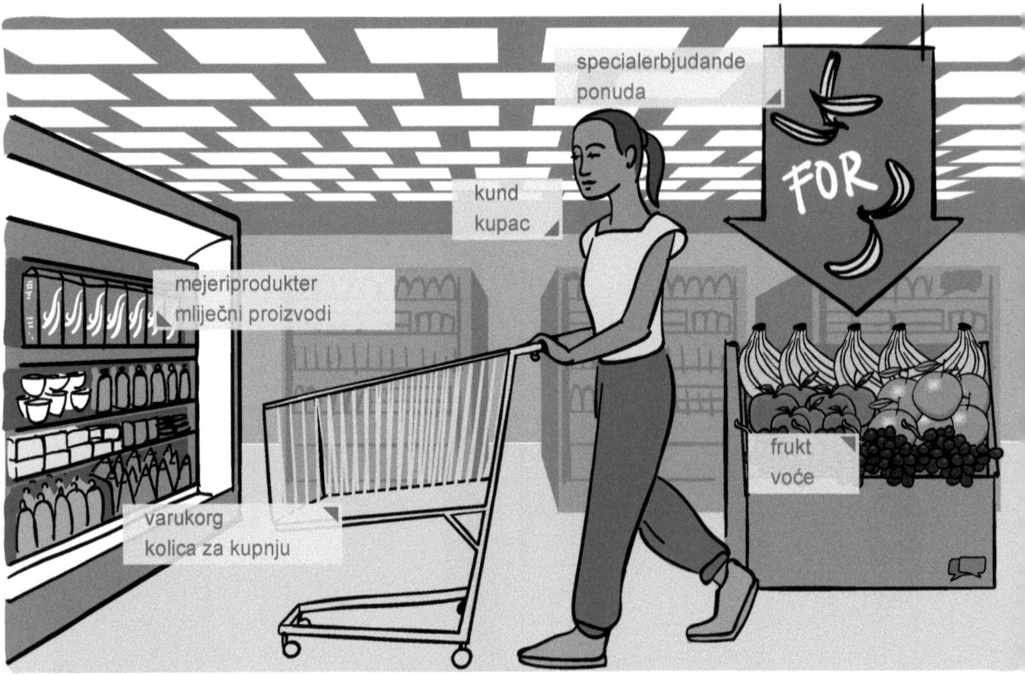

charkuteri

mesnica

bageri

pekarnica

väga

vagati

grönsaker

povrće

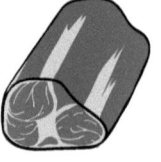

kött

meso

frysta livsmedel

duboko smrznuta hrana

20   stormarknad - supermarket

pålägg

narezak

konserver

konzerve

tvättmedel

sredstvo za pranje

godis

slatkiši

hushållsprodukter

artikli za domaćinstvo

rengöringsmedel

sredstva za čišćenje

försäljare

prodavačica

kassa

blagajna

kassör

blagajnik

inköpslista

lista za kupnju

öppettider

vrijeme rada

plånbok

novčanik

kreditkort

kreditna kartica

väska

torba

plastpåse

plastična vrećica

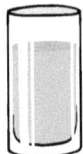

vatten

voda

juice

sok

mjölk

mlijeko

cola

cola

vin

vino

öl

pivo

alkohol

alkohol

kakao

kakao

te

čaj

kaffe

kava

espresso

espresso

cappuccino

cappuccino

banan
banana

äpple
jabuka

apelsin
naranča

melon
lubenica

citron
limun

morot
mrkva

vitlök
češnjak

bambu
bambus

lök
luk

svamp
gljiva

nötter
orašasti plodovi

nudlar
rezanci

spaghetti

špagete

ris

riža

sallad

salata

pommes frites

pomfrit

stekt potatis

pečeni krumpir

pizza

pica

hamburgare

hamburger

smörgås

sendvič

schnitzel

šnicla

skinka

pršut

salami

salama

korv

kobasica

kyckling

kokoš

stek

pečenje

fisk

riba

havregryn

zobene pahuljice

müsli

musli

cornflakes

kukuruzne pahuljice

mjöl

brašno

croissant

roščić

fralla

pecivo

bröd

kruh

rostat bröd

toast

kex

keksi

smör

maslac

kvarg

svježi sir

kaka

kolač

ägg

jaje

stekt ägg

jaje na oko

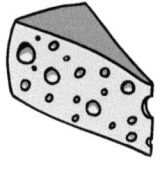

ost

sir

glass

sladoled

socker

šećer

honung

med

sylt

marmelada

nougatkräm

nugat krema

curry

curry

mat - jelo

bondgård
seosko gazdinstvo

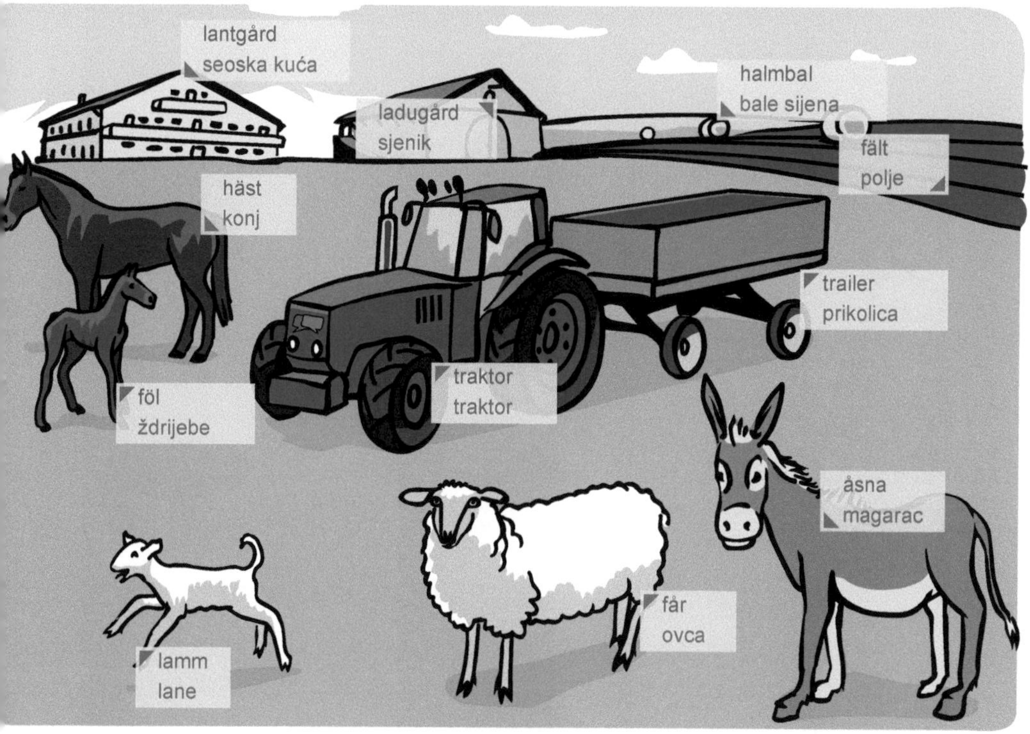
lantgård
seoska kuća
ladugård
sjenik
halmbal
bale sijena
fält
polje
häst
konj
trailer
prikolica
föl
ždrijebe
traktor
traktor
åsna
magarac
får
ovca
lamm
lane

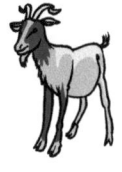

get

koza

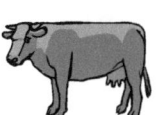

ko

krava

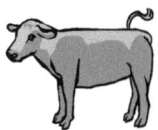

kalv

tele

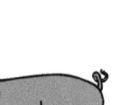

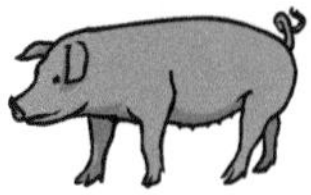

gris

svinja

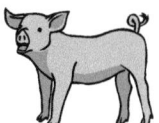

griskulting

prase

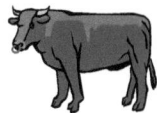

tjur

bik

gås
guska

anka
patka

kyckling
pilići

höna
kokoš

tupp
pijetao

råtta
pacov

katt
mačka

mus
miš

oxe
vol

hund
pas

hundkoja
kućica za psa

trädgårdsslang
vrtno crijevo

vattenkanna
kanta za polijevanje

lie
kosa

plog
plug

skära
srp

hacka
motika

högaffel
vilica za gnojivo

yxa
sjekira

skottkärra
tačke

tråg
korito

mjölkflaska
posuda za mlijeko

säck
vreća

staket
ograda

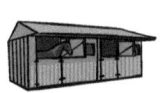

stall
štala

växthus
staklenik

jord
zemlja

säd
sjeme

gödsel
gnojivo

skördetröska
kombajn

skörda

žanjati

skörd

žetva

jams

yams začin

vete

pšenica

soja

soja

potatis

krumpir

majs

kukuruz

raps

uljana repica

fruktträd

voćka

maniok

gomolj manioke

spannmål

žitarice

hus
kuća

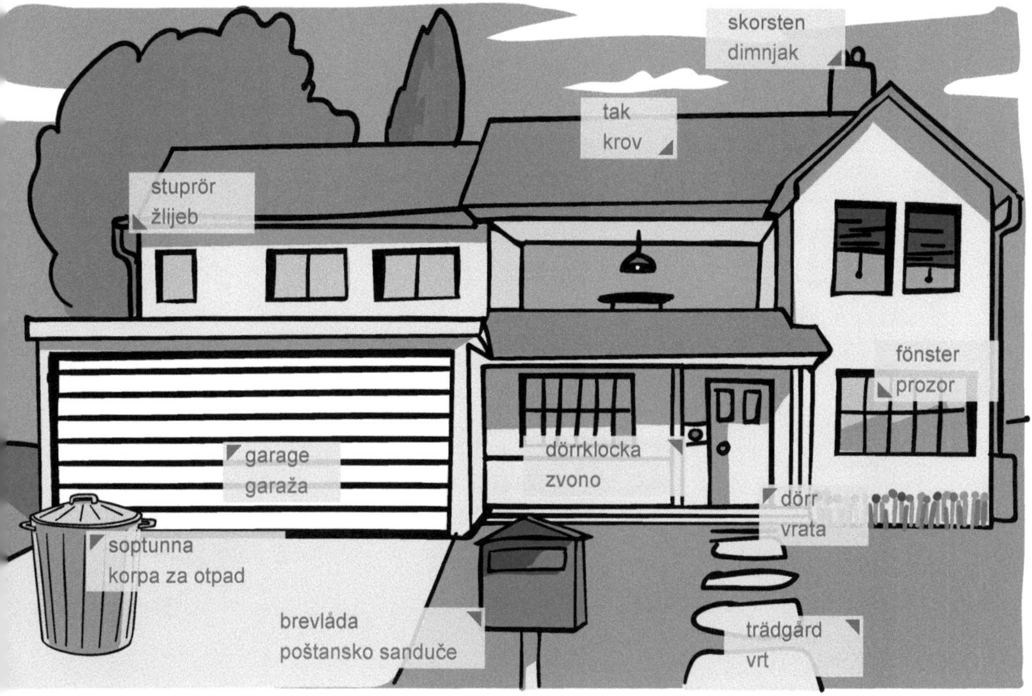
skorsten
dimnjak
tak
krov
stuprör
žlijeb
fönster
prozor
dörrklocka
zvono
garage
garaža
dörr
vrata
soptunna
korpa za otpad
brevlåda
poštansko sanduče
trädgård
vrt

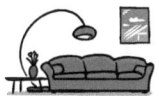

vardagsrum

dnevna soba

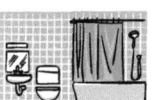

badrum

kupaonica

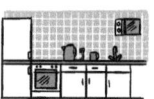

kök

kuhinja

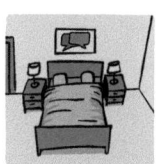

sovrum

spavaća soba

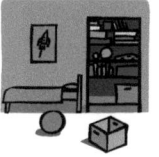

barnrum

dječija soba

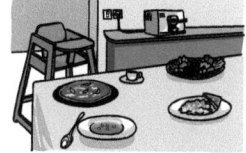

matsal

trpezarija

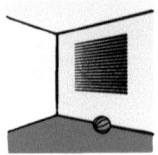

golv
pod

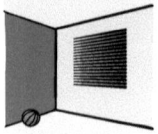

vägg
zid

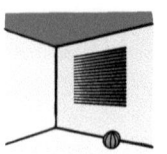

tak
strop

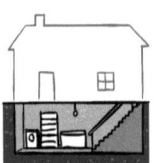

källare
podrum

bastu
sauna

balkong
balkon

terrass
terasa

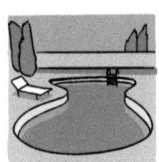

bassäng
bazen

gräsklippare
kosilica za travu

lakan
posteljina za krevet

överkast
deka za krevet

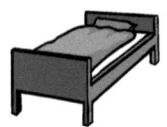

säng
krevet

kvast
metla

hink
kanta

strömbrytare
sklopka

vardagsrum
dnevna soba

tapet
tapeta
bild
slika
lampa
svjetiljka
hylla
regal
skåp
ormar
TV
televizija
eldstad
kamin
blomma
cvijet
kudde
jastuk
soffa
kauč
vas
vaza
fjärrkontroll
daljinski upravljač

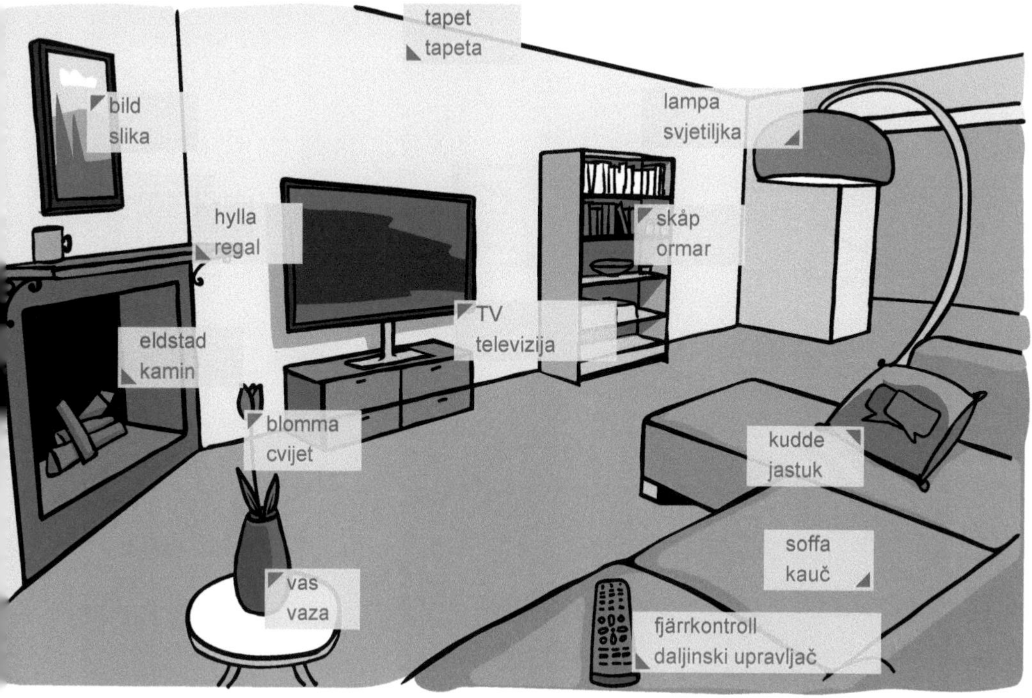

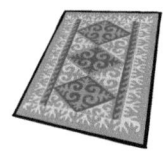

matta
tepih

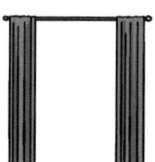

gardin
zavjesa

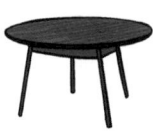

bord
stol

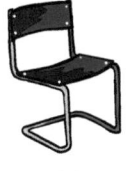

stol
stolica

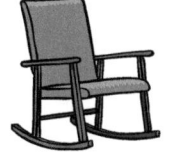

gungstol
stolica za njihanje

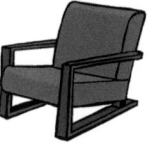

fåtölj
fotelja

bok

knjiga

filt

deka

dekoration

dekoracija

vedträ

drvo za ogrjev

film

film

stereoanläggning

stereo uređaj

nyckel

ključ

dagstidning

novine

målning

slika na platnu

poster

poster

radio

radio

anteckningsbok

blok za pisanje

dammsugare

usisavač

kaktus

kaktus

stearinljus

svijeća

kök
kuhinja

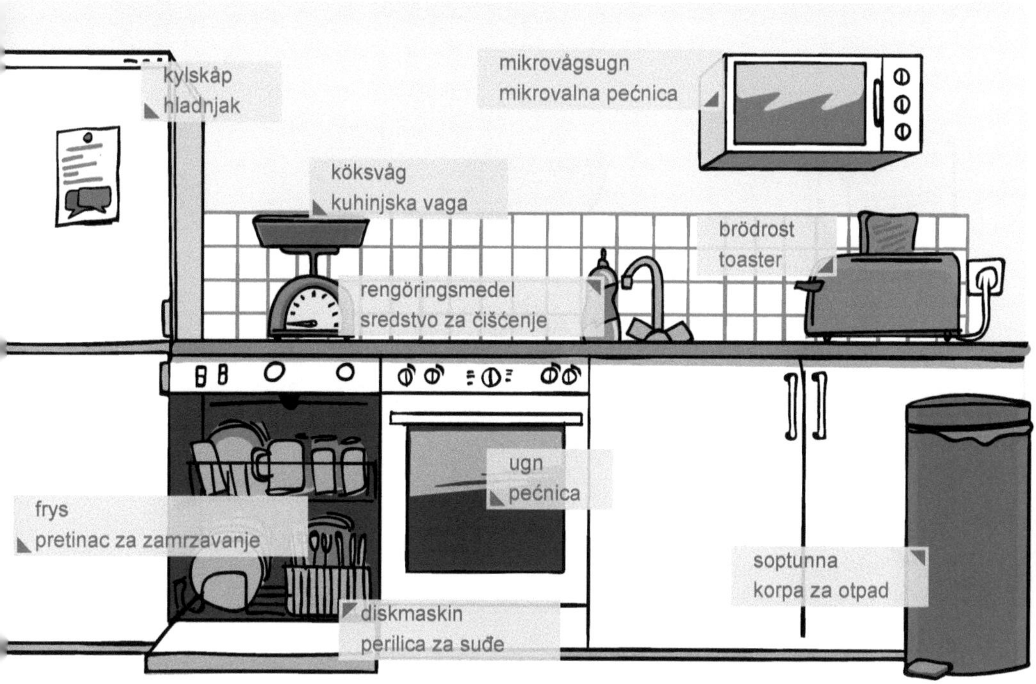
kylskåp
hladnjak
mikrovågsugn
mikrovalna pećnica
köksvåg
kuhinjska vaga
brödrost
toaster
rengöringsmedel
sredstvo za čišćenje
ugn
pećnica
frys
pretinac za zamrzavanje
soptunna
korpa za otpad
diskmaskin
perilica za suđe

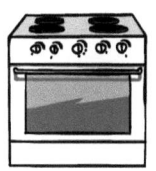

spis
....
štednjak

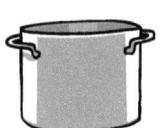

kastrull
....
lonac

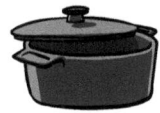

järngryta
....
željezni lonac

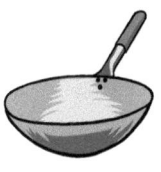

wok / kadai
....
wok / kadai

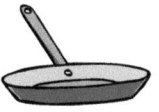

stekpanna
....
tava

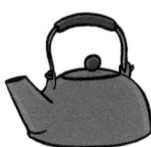

vattenkokare
....
kuhalo za vodu

ångkokare

kuhalo na paru

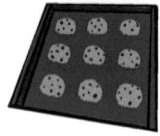

bakplåt

lim za pečenje

porslin

posuđe

mugg

čaša

skål

zdjela

ätpinnar

štapići za jelo

soppslev

kutljača

stekspade

lopatica

visp

pjenjača

durkslag

sito za kuhanje

sil

sito

rivjärn

ribež

mortel

mužar

grill

roštilj

brasa

ognjište

skärbräda

daska

kavel

oklagija

korkskruv

vadičep

burk

konzerva

burköppnare

otvarač konzervi

grytlapp

krpa za lonac

vask

sudoper

borste

četka

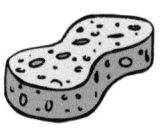

svamp

spužva

mixer

mikser

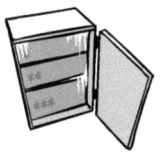

frys

zamrzivač

nappflaska

bočica za bebe

kran

slavina za vodu

badrum

kupaonica

värme
grijanje
dusch
tuš
handduk
ručnik
duschdraperi
zavjesa za tuš
bubbelbad
pjenušava kupka
badkar
kada
glas
čaša
tvättmaskin
perilica za rublje
kran
slavina za vodu
kakel
pločice
potta
dječja kahlica
vask
sudoper

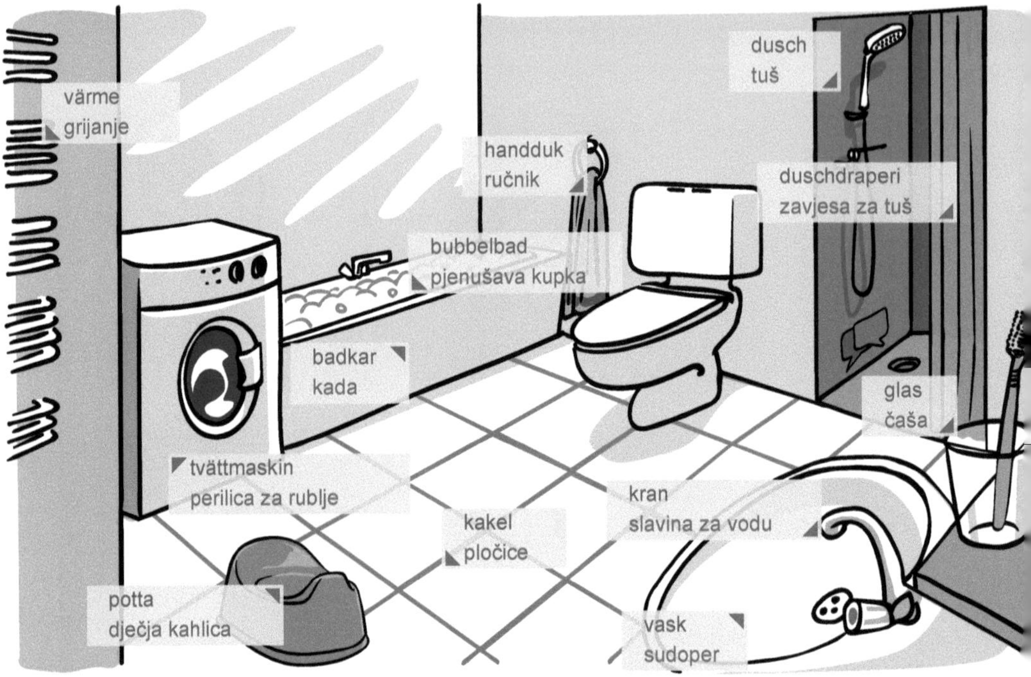

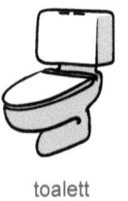

toalett
toalet

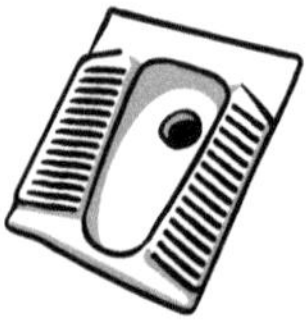

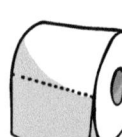

låg toalett
čučavac

bidet
bidet

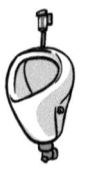

pissoar
pisoar

toalettpapper
papir za toalet

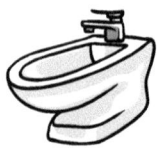

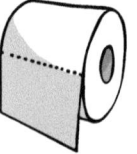

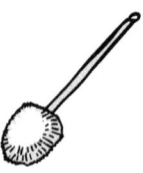

toalettborste
četka za toalet

tandborste

četkica za zube

tandkräm

pasta za zube

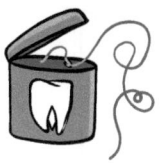

tandtråd

konac za zube

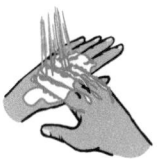

tvätta

prati

handdusch

tuš ručica

intimdusch

tuš za pranje intimnih dijelova

handfat

lavor

ryggborste

četka za pranje leđa

tvål

sapun

duschgel

gel za tuširanje

schampo

šampon

trasa

krpa za pranje

avlopp

odvod

crème

krema

deodorant

dezodorans

spegel

ogledalo

handspegel

kozmetičko ogledalo

rakhyvel

brijač

raklödder

pjena za brijanje

rakvatten

losion za poslije brijanja

kam

češalj

borste

četka

hårtork

sušilo za kosu

hårspray

sprej za kosu

smink

makeup

läppstift

ruž za usne

nagellack

lak za nokte

bomullsvadd

vata

nagelsax

škare za nokte

parfym

parfem

necessär
....
neseser

pall
....
stolica

våg
....
vaga

badrock
....
ogrtač

gummihandskar
....
rukavice za čišćenje

tampong
....
tampon

binda
....
uložak

kemisk toalett
....
kemijski toalet

barnrum

dječija soba

väckarklocka
budilnik
gosedjur
plišana igračka
leksaksbil
auto igračka
skallra
zvečka
dockhus
kućica za lutke
present
poklon

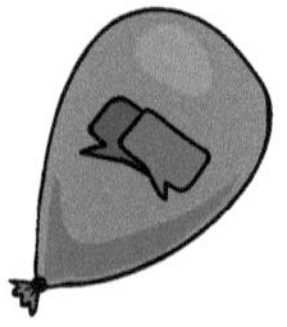

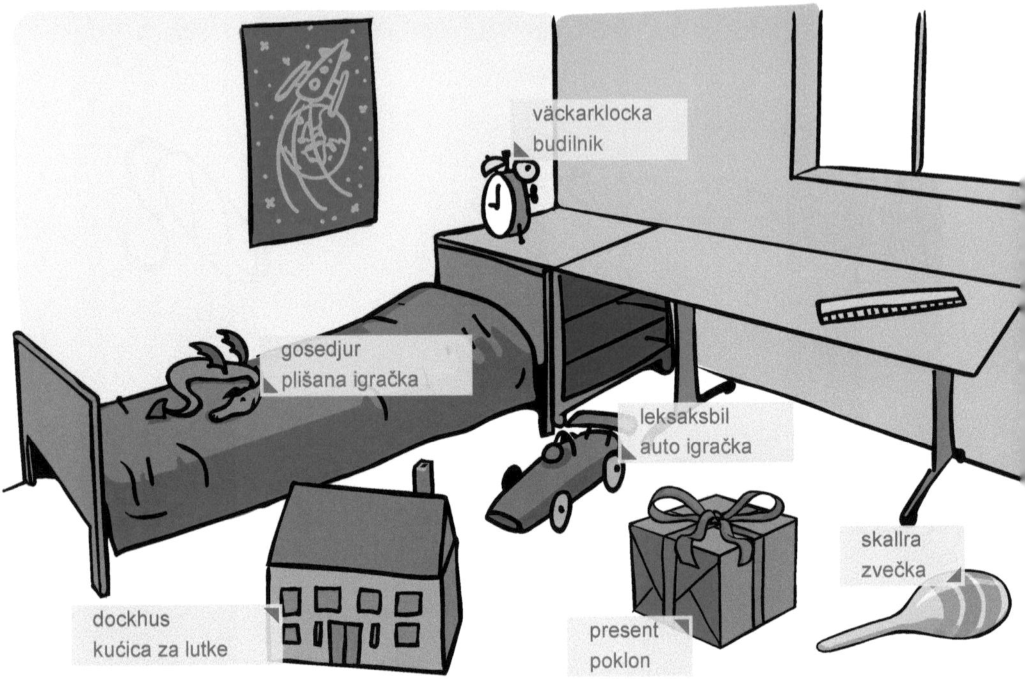

ballong

balon

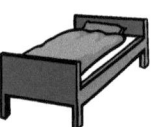

säng

krevet

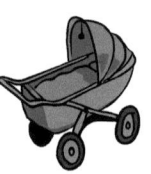

barnvagn

dječija kolica

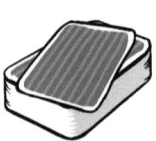

kortlek

igra s kartama

pussel

slagalica

SUPER
MEGA

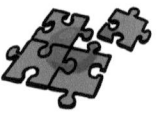

serietidning

strip

legobitar

lego kockice

klossar

kockice za slaganje

actionfigur

akcioni junak

sparkdräkt

kombinezon za bebe

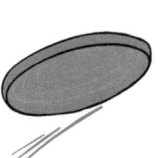

frisbee

frizbi

mobil

viseće igračke

brädspel

društvene igre

tärning

kocka

modelljärnväg

minijaturna željeznica

napp

duda

party

tulum

bilderbok

slikovnica

boll

lopta

docka

lutka

spela

igrati

sandlåda

pješčanik

gunga

ljuljačka

leksaker

igračka

spelkonsol

konzola za igre

trehjuling

tricikl

nalle

plišani medo

garderob

ormar

kläder
odjeća

sockar

kratke čarape

strumpor

čarape

tights

hulahopke

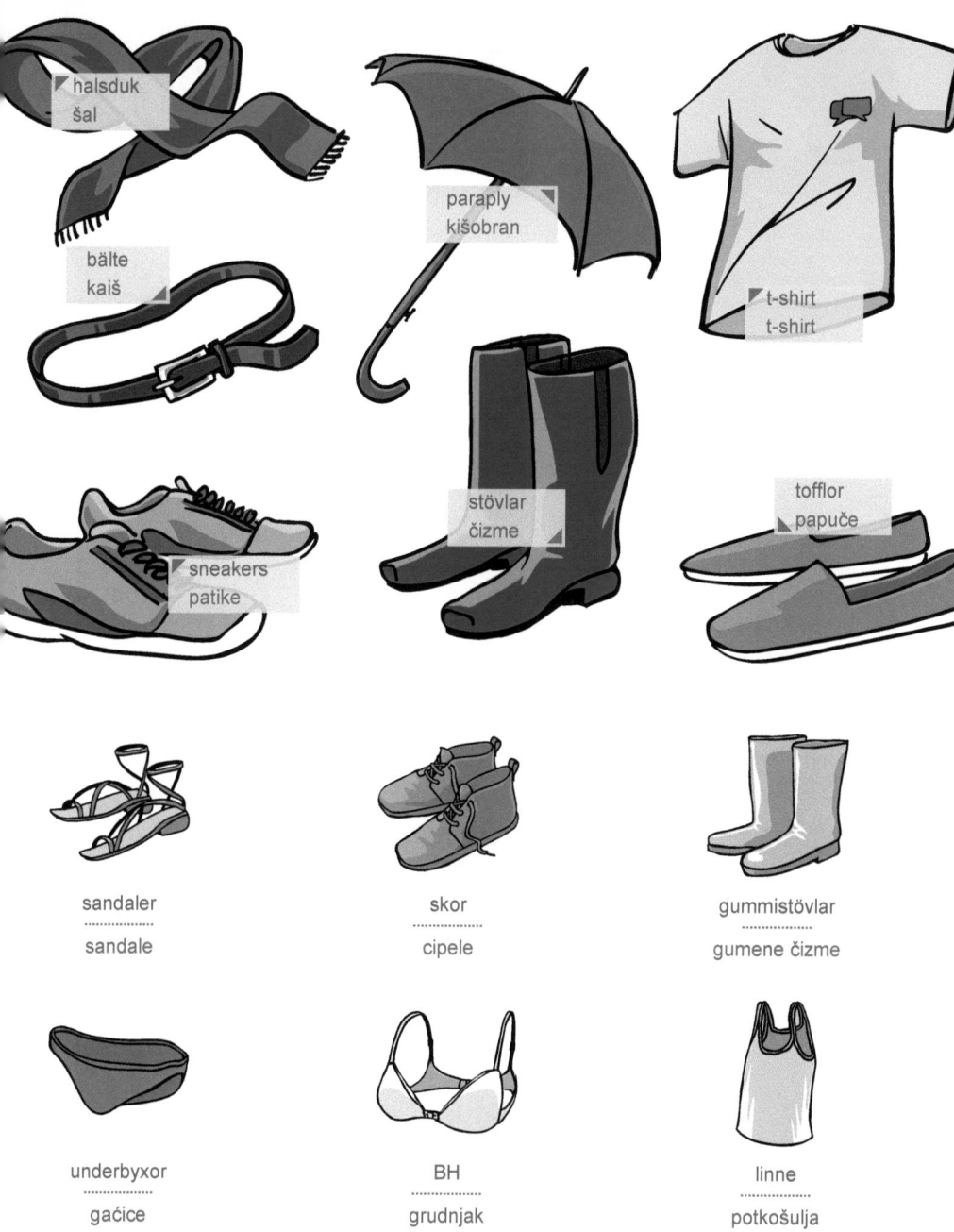

halsduk
šal

bälte
kaiš

paraply
kišobran

t-shirt
t-shirt

stövlar
čizme

tofflor
papuče

sneakers
patike

sandaler
sandale

skor
cipele

gummistövlar
gumene čizme

underbyxor
gaćice

BH
grudnjak

linne
potkošulja

kläder - odjeća

body
bodi

byxor
hlače

jeans
džins

kjol
haljina

blus
bluza

skjorta
košulja

pullover
džemper

sweater
pulover s kapuljačom

blazer
blejzer

jacka
jakna

kappa
kaput

regnjacka
kabanica

dräkt
kostim

klänning
haljina

bröllopsklänning
vjenčanica

kostym
odijelo

nattlinne
spavaćica

pyjamas
pidžama

sari
sari

slöja
rubac

turban
turban

burka
burka

kaftan
kaftan

abaya
abaja

baddräkt
kupaći kostim

badbyxor
kupaće gaćice

shorts
kratke hlače

träningsoverall
odjeća za trening

förkläde
pregača

handskar
rukavice

knapp

gumb

glasögon

naočale

armband

narukvica

halsband

ogrlica

ring

prsten

örhänge

naušnica

mössa

kapa

galge

vješalica

hatt

šešir

slips

kravata

dragkedja

patent zatvarač

hjälm

kaciga

hängslen

naramenice

skoluniform

školska uniforma

uniform

uniforma

kläder - odjeća

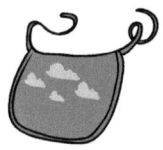

haklapp

podbradak

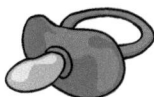

napp

duda

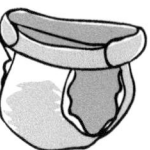

blöja

pelena

kontor
ured

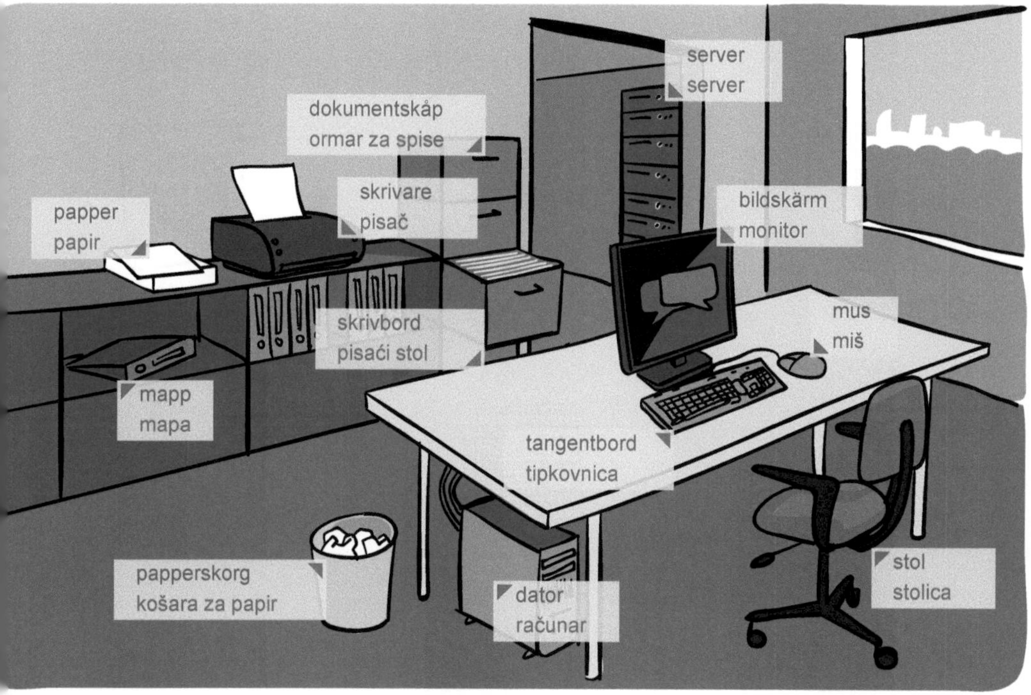
server
server
dokumentskåp
ormar za spise
skrivare
pisač
papper
papir
bildskärm
monitor
mus
miš
skrivbord
pisaći stol
mapp
mapa
tangentbord
tipkovnica
papperskorg
košara za papir
dator
računar
stol
stolica

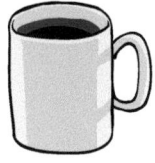

kaffemugg

šalica za kavu

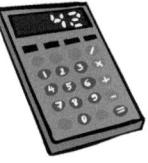

miniräknare

kalkulator

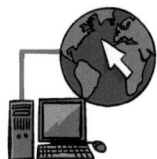

internet

internet

bärbar dator

laptop

brev

pismo

meddelande

poruka

mobiltelefon

mobilni telefon

nätverk

mreža

kopieringsapparat

uređaj za kopiranje

programvara

softver

telefon

telefon

vägguttag

utičnica

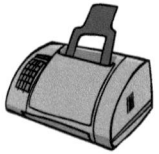

fax

faks

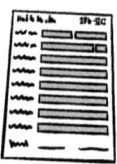

blankett

obrazac

dokument

dokument

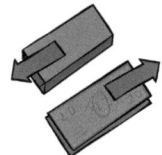

köpa

kupovati

betala

platiti

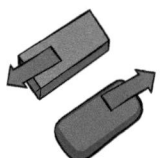

handla

trgovati

pengar

novac

 USD

dollar

dolar

 EUR

euro

euro

JPY

yen

jen

RUB

rubel

rubalj

CHF

schweizisk franc

švicarski franak

CNY

renminbi yan

renmindbi yuan

INR

rupie

rupija

bankomat

automat za novac

växelkontor

mjenjačnica

guld

zlato

silver

srebro

olja

nafta

energi

energija

pris

cijena

kontrakt

ugovor

skatt

porez

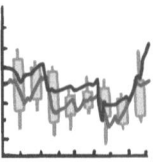

aktie

dionica

arbeta

raditi

anställd

službenik

arbetsgivare

poslodavac

fabrik

tvornica

affär

prodavaonica

ekonomi - gospodarstvo

yrken
zanimanja

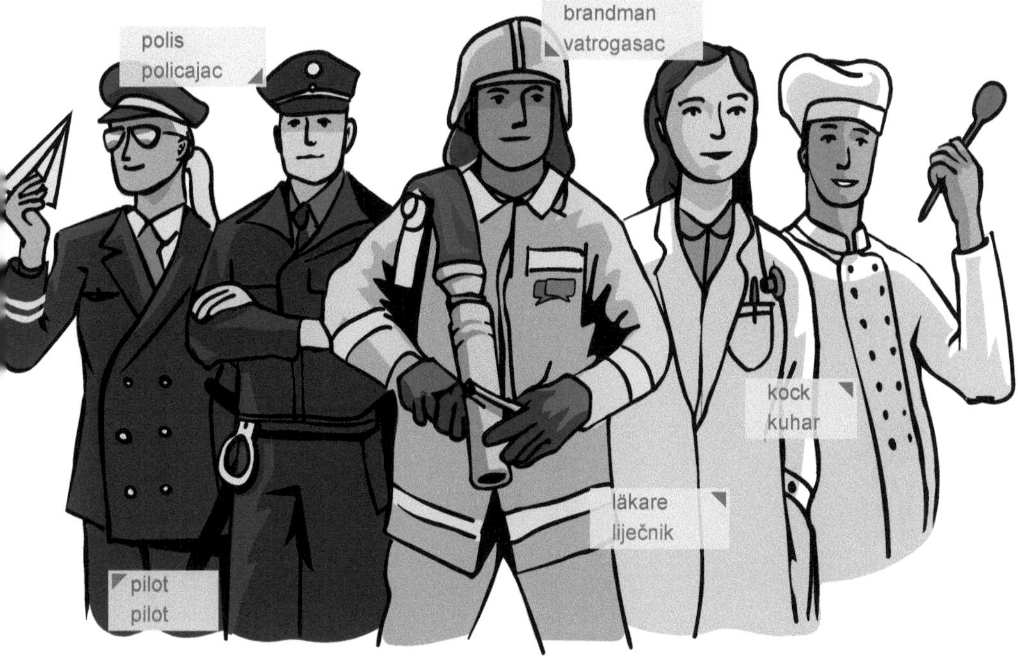
polis
policajac
brandman
vatrogasac
kock
kuhar
läkare
liječnik
pilot
pilot

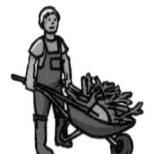

trädgårdsmästare

vrtlar

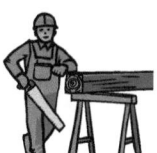

snickare

stolar

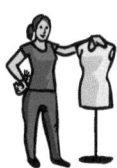

sömmerska

krojačica

domare

sudija

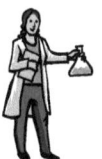

kemist

kemičar

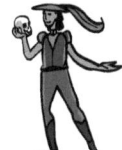

skådespelare

glumac

busschaufför

vozač autobusa

taxichaufför

vozač taksija

fiskare

ribar

städerska

čistačica

takläggare

krovopokrivač

servitör

konobar

jägare

lovac

målare

slikar

bagare

pekar

elektriker

električar

byggarbetare

građevinski radnik

ingenjör

inženjer

slaktare

mesar

rörmokare

limar

brevbärare

poštar

soldat

vojnik

arkitekt

arhitekta

kassör

blagajnik

florist

cvjećar

frisör

frizer

konduktör

kondukter

mekaniker

mehaničar

kapten

kapetan

tandläkare

zubar

vetenskapsman

znanstvenik

rabbin

rabi

imam

imam

munk

monah

präst

svećenik

verktyg

alati

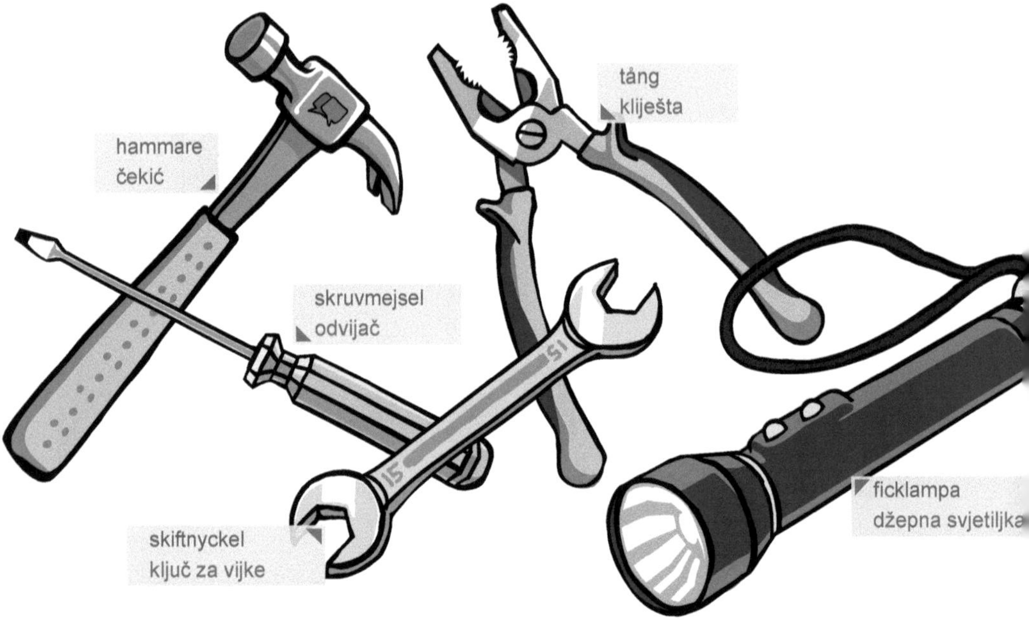

hammare
čekić
tång
kliješta
skruvmejsel
odvijač
skiftnyckel
ključ za vijke
ficklampa
džepna svjetiljka

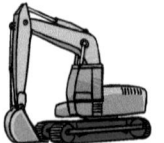

grävmaskin

rovokopač

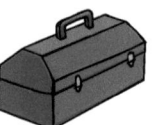

verktygslåda

kutija za alat

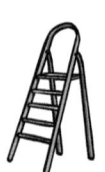

stege

ljestve

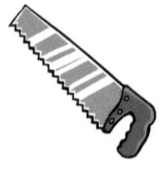

såg

pila

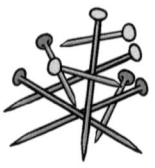

spik

ekser

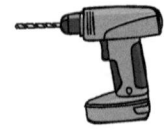

borr

bušilica

reparera

popraviti

spade

lopata

Helvete!

Sranje!

sopskyffel

lopatica

färgburk

lonac za boju

skruvar

vijci

musikinstrument
glazbeni instrument

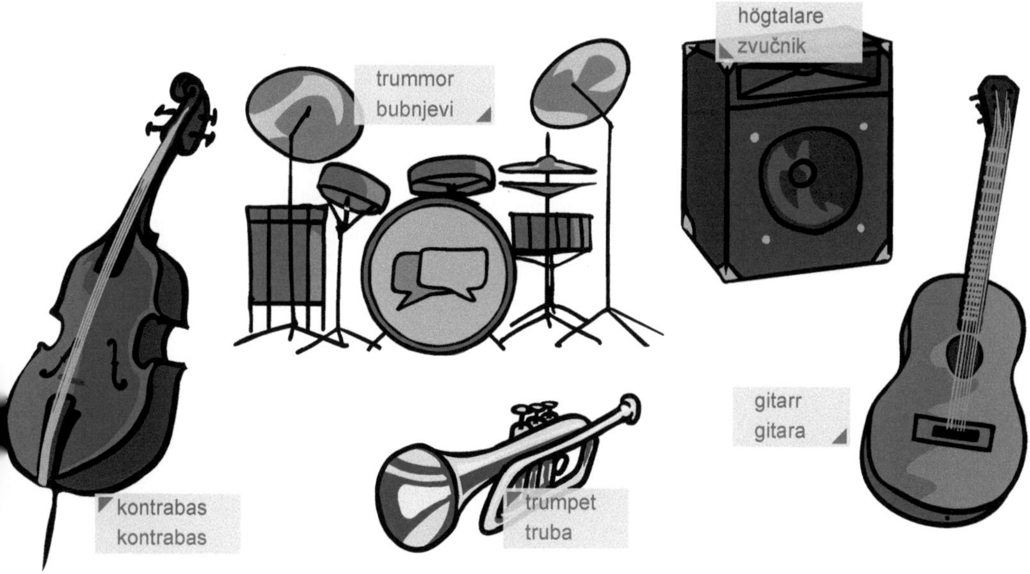

högtalare
zvučnik

trummor
bubnjevi

kontrabas
kontrabas

trumpet
truba

gitarr
gitara

piano

klavir

violin

violina

bas

bas

timpani

timpani

trumma

udaraljke za bubnjeve

keyboard

keyboard

saxofon

saksofon

flöjt

flauta

mikrofon

mikrofon

zoo

zoološki vrt

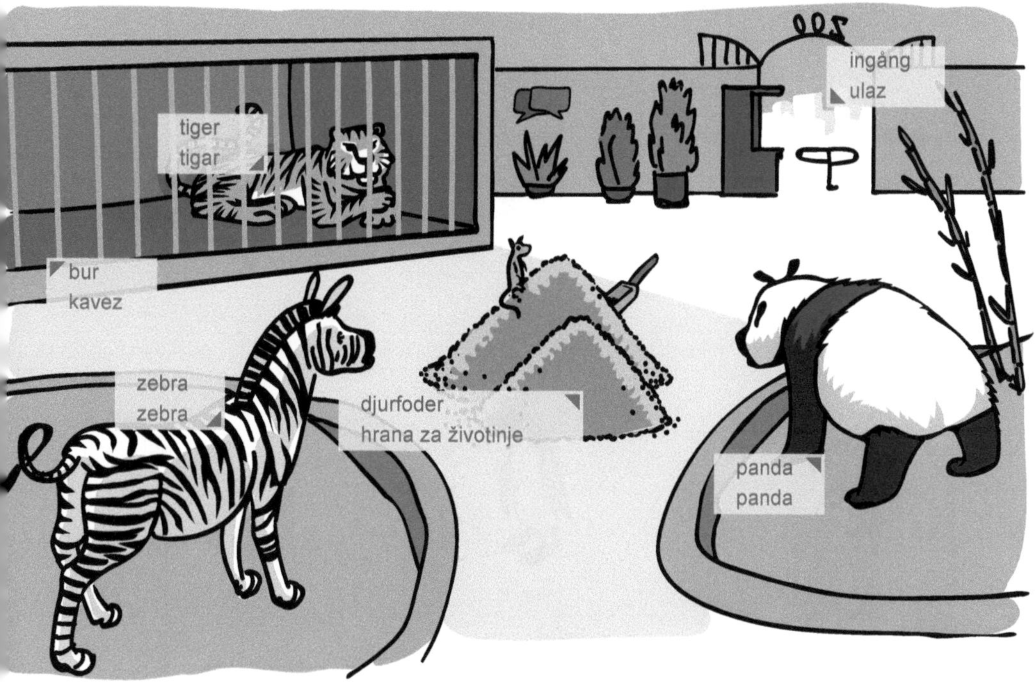

tiger
tigar
ingång
ulaz
bur
kavez
zebra
zebra
djurfoder
hrana za životinje
panda
panda

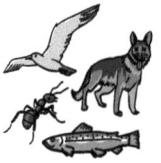

djur
životinje

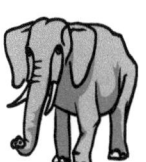

elefant
slon

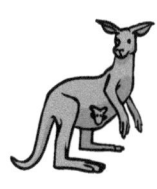

känguru
kengur

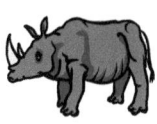

noshörning
nosorog

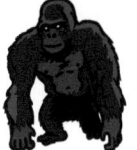

gorilla
gorila

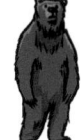

björn
medvjed

kamel

kamila

struts

noj

lejon

lav

apa

majmun

flamingo

flamingo

papegoja

papagaj

isbjörn

polarni medvjed

pingvin

pingvin

haj

ajkula

påfågel

paun

orm

zmija

krokodil

krokodil

djurskötare

čuvar u zoološkom vrtu

säl

tuljan

jaguar

jaguar

zoo - zoološki vrt

ponny
poni

leopard
leopard

flodhäst
nilski konj

giraff
žirafa

örn
orao

vildsvin
divlja svinja

fisk
riba

sköldpadda
kornjača

valross
morž

räv
lisica

gazell
gazela

amerikansk fotboll
američki nogomet

cykling
biciklizam

tennis
tenis

basket
košarka

simning
plivanje

boxning
boks

ishockey
hockey na ledu

fotboll
nogomet

badminton
badminton

friidrott
atletika

handboll
rukomet

skidåkning
skijanje

polo
polo

skratta
smijati se

hoppa
skočiti

krama
zagrliti

gå
ići

sjunga
pjevati

drömma
sanjati

be
moliti se

kyssa
poljubiti

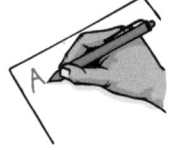

skriva

pisati

rita

crtati

visa

pokazati

skjuta

gurati

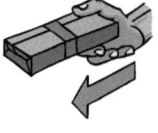

ge

dati

ta

uzeti

hagel

imati

göra

činiti

vara

biti

stå

stojati

springa

trčati

dra

povlačiti

kasta

baciti

falla

padati

ligga

ležati

vänta

čekati

bära

nositi

sitta

sjediti

klä på

oblačiti

sova

spavati

vakna

probuditi se

se på

gledati

gråta

plakati

smeka

milovati

kamma

češljati

prata

govoriti

förstå

razumjeti

fråga

pitati

höra

slušati

dricka

piti

äta

jesti

städa

pospremiti

älska

voljeti

laga mat

kuhati

köra

voziti

flyga

letjeti

segla

ploviti

räkna

računati

läsa

čitati

lära sig

učiti

arbeta

raditi

gifta sig

vjenčati se

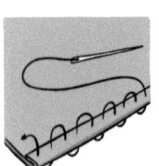

sy

šiti

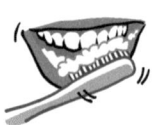

borsta tänderna

prati zube

döda

ubiti

röka

pušiti

skicka

poslati

mormor/farmor
baka

morfar/farfar
djed

pappa
otac

mamma
majka

baby
beba

dotter
kćerka

son
sin

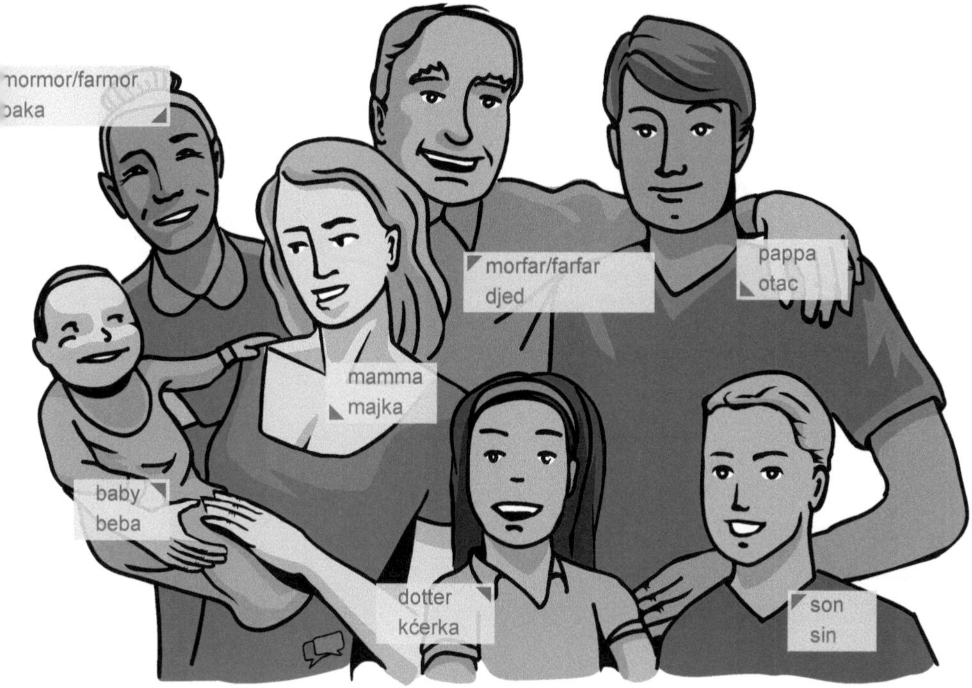

gäst
gost

moster/faster
tetka

farbror/morbror
ujak, stric

bror
brat

syster
sestra

kropp

tijelo

panna
čelo
öga
oko
skuldra
rame
finger
prst
ansikte
lice
haka
brada
hand
ruka
ben
noga
bröst
grudi
arm
ruka

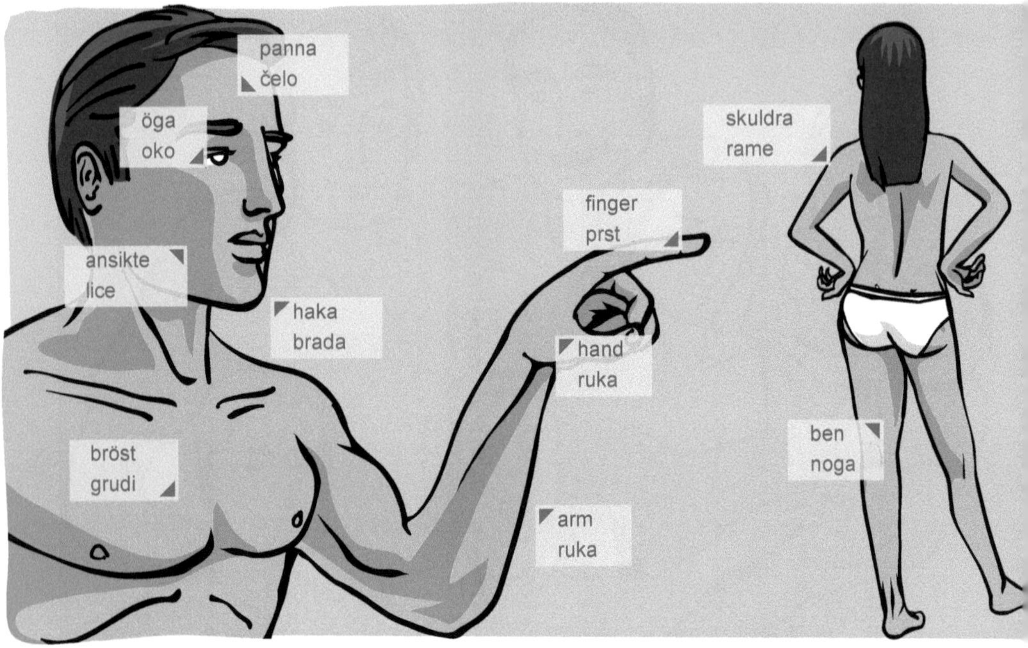

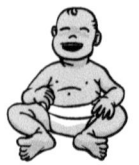

baby

beba

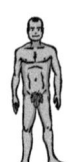

man

muškarac

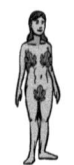

kvinna

žena

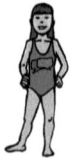

flicka

djevojčica

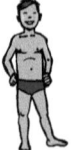

pojke

dječak

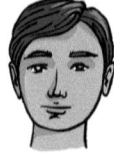

huvud

glava

rygg
leđa

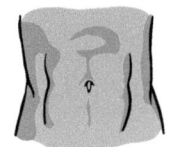

mage
trbuh

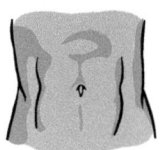

navel
pupak

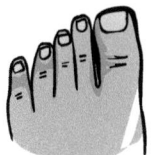

tå
nožni prst

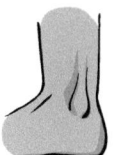

häl
peta

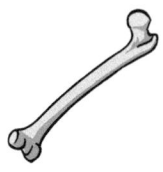

ben
kost

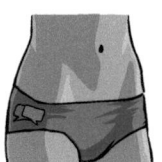

höft
kuk

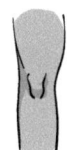

knä
koljeno

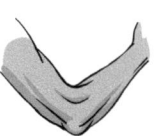

armbåge
lakat

näsa
nos

stjärt
stražnjica

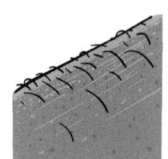

hud
koža

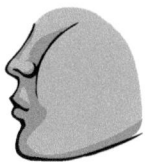

kind
obraz

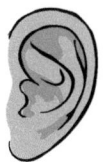

öra
uho

läpp
usna

mun
usta

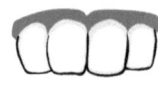

tand
zub

tunga
jezik

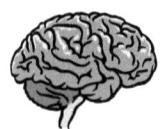

hjärna
mozak

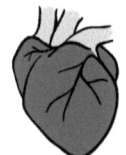

hjärta
srce

muskel
mišić

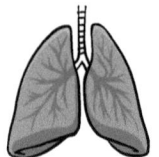

lunga
pluća

lever
jetra

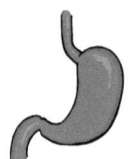

magsäck
želudac

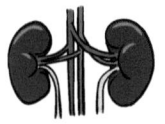

njurar
bubrezi

sex
snošaj

kondom
kondom

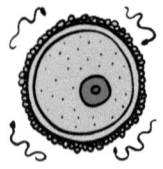

äggcell
jajna stanica

sperma
sperma

graviditet
trudnoća

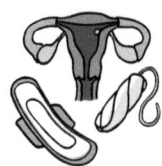

menstruation

menstruacija

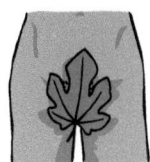

vagina

vagina

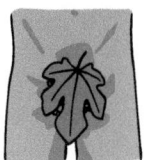

penis

penis

ögonbryn

obrva

hår

kosa

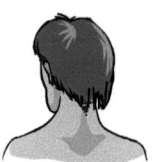

nacke

vrat

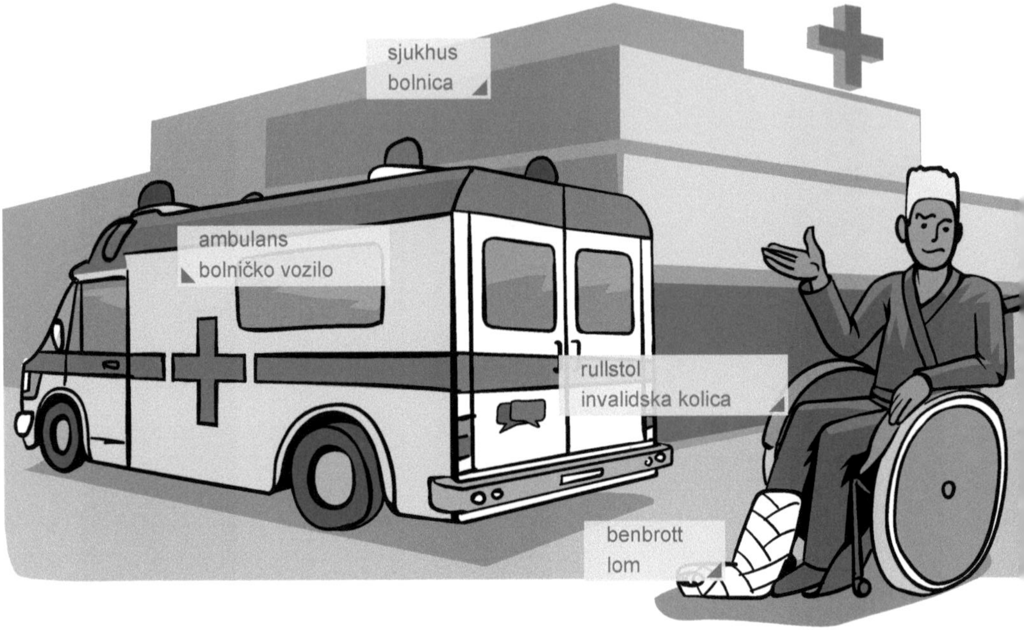

sjukhus
bolnica

ambulans
bolničko vozilo

rullstol
invalidska kolica

benbrott
lom

läkare

liječnik

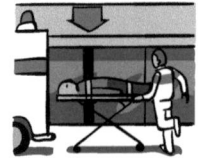

akutmottagning

hitna medicinska služba

sjuksköterska

medicinska sestra

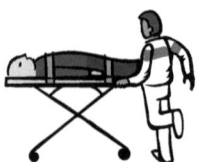

nödsituation

hitni slučaj

medvetslös

nesvijest

smärta

bol

skada

ozljeda

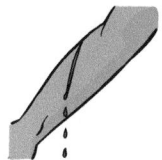

blödning

krvarenje

hjärtattack

srćani infarkt

slaganfall

moždani udar

allergi

alergija

hosta

kašalj

feber

groznica

influensa

gripa

diarré

proljev

huvudvärk

glavobolja

cancer

rak

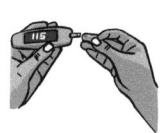

diabetes

dijabetes

kirurg

kirurg

skalpell

skalpel

operation

operacija

CT
ct

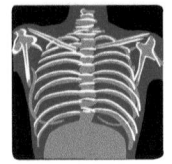

röntgen
rentgen

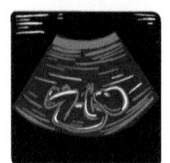

ultraljud
ultrazvuk

ansiktsmask
maska

sjukdom
bolest

väntsal
čekaonica

krycka
štaka

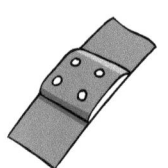

plåster
flaster

bandage
zavoj

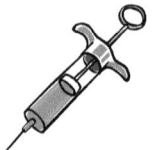

injektion
injekcija

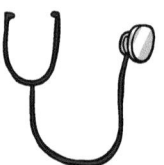

stetoskop
stetoskop

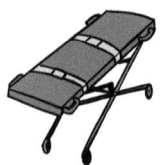

bår
nosilo

termometer
termometar

födsel
rođenje

övervikt
prekomjerna težina

hörapparat

slušni aparat

desinfektionsmedel

sredstvo za dezinfekciju

infektion

infekcija

virus

virus

HIV / AIDS

hiv / sida

medicin

medicina

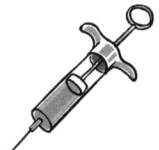

vaccination

vakcinacija

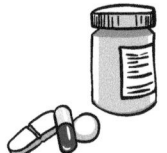

tabletter

tablete

p-piller

pilula

nödsamtal

poziv u pomoć

blodtrycksmätare

uređaj za mjerenje tlaka

sjuk / frisk

bolesno / zdravo

Hjälp!

pomoć!

alarm

alarm

överfall

nasrtaj

misshandel

napad

fara

opasnost

nödutgång

izlaz za nuždu

Det brinner!

požar!

brandsläckare

vatrogasni aparat

olycka

nezgoda

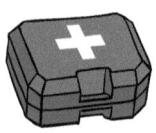

förbandslåda

kofer prve pomoći

SOS

sos

polis

policija

Europa

Europa

Nordamerika

sjeverna amerika

Sydamerika

južna amerika

Afrika

Afrika

Asien

Azija

Australien

Australija

Atlanten

Atlantik

Stilla Havet

Pacifik

Indiska Oceanen

ocean

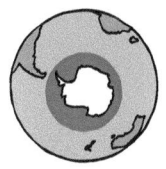

Antarktiska Oceanen

antarktički ocean

Arktiska Oceanen

arktički ocean

Nordpol

sjeverni pol

Sydpol

južni pol

Antarktis

Antarktik

Jorden

zemlja

land

zemlja

hav

more

ö

otok

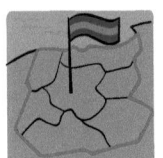

nation

nacija

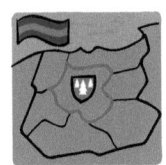

stat

država

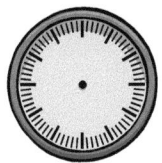

urtavla
brojčanik sata

timvisare
satna kazaljka

minutvisare
minutna kazaljka

sekundvisare
sekundna kazaljka

Vad är klockan?
Koliko je sati?

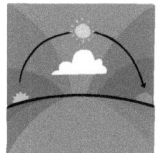

dag
dan

tid
vrijeme

nu
sada

digital klocka
digitalni sat

minut
minuta

timme
sat

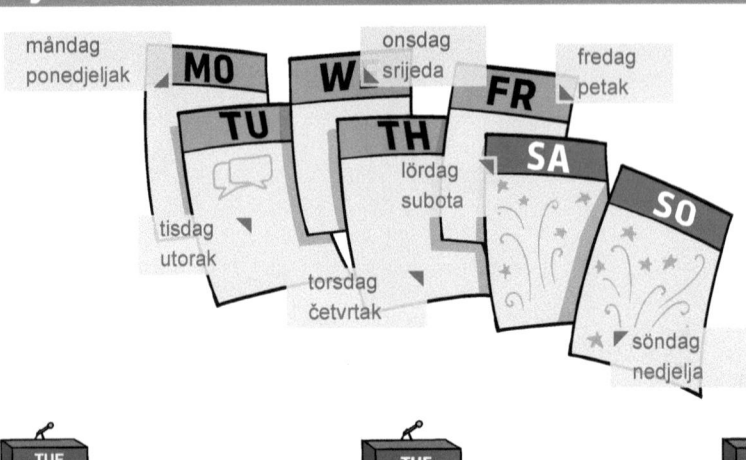

måndag
ponedjeljak

onsdag
srijeda

fredag
petak

tisdag
utorak

lördag
subota

torsdag
četvrtak

söndag
nedjelja

igår
....
jučer

idag
....
danas

imorgon
....
sutra

morgon
....
jutro

middag
....
podne

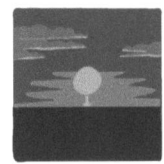

kväll
....
večer

MO	TU	WE	TH	FR	SA	SU
1	2	3	4	5	6	7
8	9	10	11	12	13	14
15	16	17	18	19	20	21
22	23	24	25	26	27	28
29	30	31	1	2	3	4

vardagar
....
radni dani

MO	TU	WE	TH	FR	SA	SU
1	2	3	4	5	6	7
8	9	10	11	12	13	14
15	16	17	18	19	20	21
22	23	24	25	26	27	28
29	30	31	1	2	3	4

helg
....
vikend

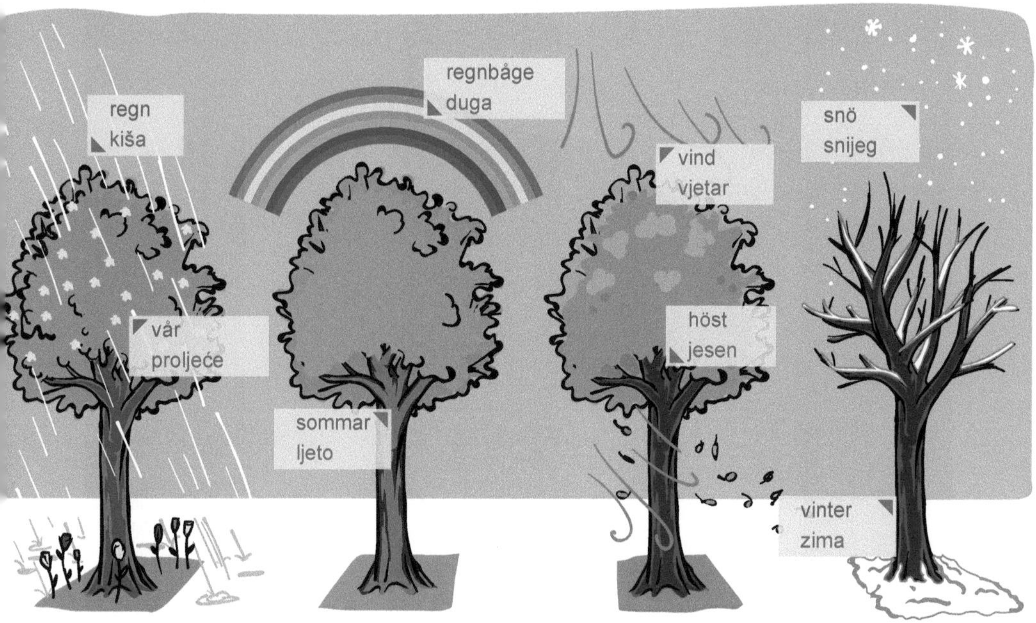

regn
kiša
regnbåge
duga
vind
vjetar
snö
snijeg
vår
proljeće
höst
jesen
sommar
ljeto
vinter
zima

4.APRIL 11°
5.APRIL 4°
6.APRIL 13°
7.APRIL 8°
8.APRIL 10°

väderprognos

meteorološka prognoza

F C
120 90 60 30 0 -30
40 30 20 10 0 -10 -20

termometer

termometar

solsken

sunčana svjetlost

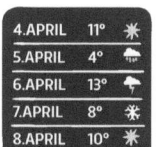

moln

oblak

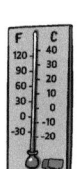

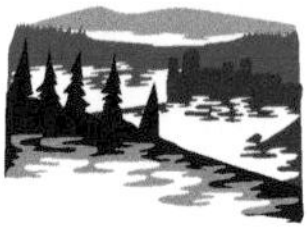

dimma

magla

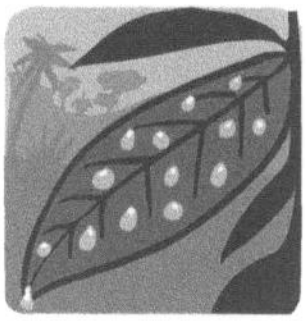

luftfuktighet

vlažnost zraka

blixt

munja

åska

grmljavina

storm

oluja

hagel

tuča

monsun

monsun

översvämning

poplava

is

led

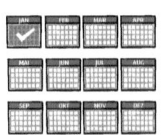

januari

siječanj

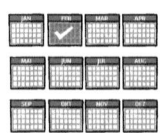

februari

veljača

mars

ožujak

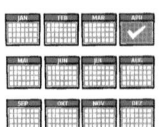

april

travanj

maj

svibanj

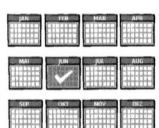

juni

lipanj

juli

srpanj

augusti

kolovoz

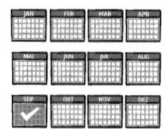

september
rujan

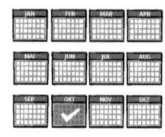

oktober
listopad

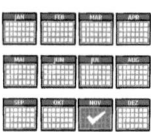

november
studeni

december
prosinac

cirkel
krug

kvadrat
kvadrat

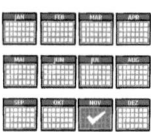

rektangel
pravokutnik

triangel
trokut

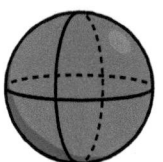

sfär
kugla

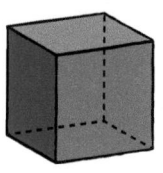

kub
kocka

vit

bijela

gul

žuta

orange

narančasta

rosa

ružičasta

röd

crvena

lila

ljubičasta

blå

plava

grön

zelena

brun

smeđa

grå

siva

svart

crna

mycket / lite

mnogo / malo

arg / lugn

ljutito / mirno

vacker / ful

lijepo / ružno

början / slut

početak / kraj

stor / liten

veliko / maleno

ljus / mörk

svijetlo / tamno

bror / syster

brat / sestra

ren / smutsig

čisto / prljavo

komplett / ofullständig

potpuno / nepotpuno

dag / natt

dan / noć

död / levande

mrtvo / živo

bred / smal

široko / usko

ätlig / oätlig

jestivo / nejestivo

ond / god

zlo / dobro

upphetsad / uttråkad

uzbuđeno / dosadno

tjock / smal

debelo / mršavo

först / sist

na početku / na kraju

vän / fiende

prijatelj / neprijatelj

full / tom

puno / prazno

hård / mjuk

tvrdo / mekano

tung / lätt

teško / lagano

hunger / törst

glad / žeđ

sjuk / frisk

bolesno / zdravo

olaglig / laglig

ilegalno / legalno

intelligent / dum

pametno / glupo

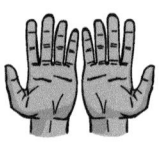

vänster / höger

lijevo / desno

nära / långt bort

blizu / daleko

ny / begagnad

novo / rabljeno

inget / något

ništa / nešto

gammal / ung

staro / mlado

på / av

uključeno / isključeno

öppen / stängd

otvoreno / zatvoreno

tyst / högljudd

tiho / glasno

rik / fattig

bogato / siromašno

rätt / fel

točno / pogrešno

grov / slät

hrapavo / glatko

ledsen / glad

tužno / sretno

kort / lång

kratko / dugo

långsam / snabb

polako / brzo

våt / torr

mokro / suho

varm / sval

toplo / hladno

krig / fred

rat / mir

0	**1**	**2**
noll	ett	två
nula	jedan	dva

3	**4**	**5**
tre	fyra	fem
tri	četiri	pet

6	**7**	**8**
sex	sju	åtta
šest	sedam	osam

9	**10**	**11**
nio	tio	elva
devet	deset	jedanaest

12
tolv

dvanaest

13
tretton

trinaest

14
fjorton

četrnaest

15
femton

petnaest

16
sexton

šestnaest

17
sjutton

sedamnaest

18
arton

osamnaest

19
nitton

devetnaest

20
tjugo

dvadeset

100
hundra

stotinu

1.000
tusen

tisuću

1.000.000
miljon

milijun

engelska

engleski

amerikansk engelska

američko engleski

kinesisk mandarin

kinesko mandarinski

hindi

hindi

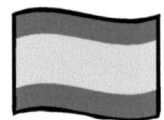

spanska

španjolski

franska

francuski

arabiska

arapski

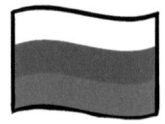

ryska

ruski

portugisiska

portugalski

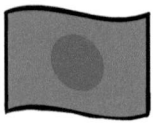

bengali

bengalski

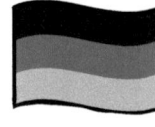

tyska

njemački

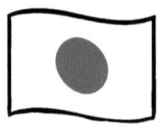

japanska

japanski

jag

ja

du

ti

han / hon / den (det)

on / ona / ono

vi

mi

ni

vi

de

oni

vem?

tko?

vad?

što?

hur?

kako?

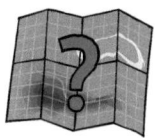

var?

gdje?

när?

kada?

namn

ime

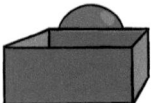

bakom

iza

i

u

framför

ispred

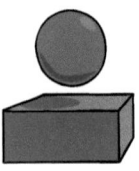

över

preko

på

na

under

ispod

bredvid

pored

mellan

između

plats

mjesto